2022년 1월 20일 초판 1쇄 펴냄
2023년 3월 10일 초판 2쇄 펴냄

지음 · 이창우
펴낸이 · 이성호　**펴낸곳** · (주)글송이
편집/디자인 · 이유미, 김현경, 임주용
마케팅 · 이성갑, 윤정명, 이현정, 김병선, 문현곤, 조해준, 이동준
경영지원 · 최진수, 이인석, 진승현

출판 등록 · 2012년 8월 8일 제 2012-000169호　**주소** · 서울시 서초구 능안말 1길 1(내곡동)
전화 · 578-1560~1　**팩스** · 578-1562　**이메일** · gsibook01@naver.com

ⓒ이창우, 2022

ISBN 979-11-7018-621-2　74080
　　　979-11-7018-595-6　(세트)

*잘못 만들어진 책은 바꾸어 드립니다.

머리말

고사성어, 사자성어, 한자 성어란 무엇일까요?

고사성어란 옛이야기를 바탕으로 한, 한자(漢字)로 만들어진 말이에요.
사자성어는 한자 네 글자로 이루어진 말을 뜻하지요. 그리고 고사성어와 사자성어를 통틀어 한자 성어라고 해요.
한자 성어는 오랜 세월 수많은 사람의 삶과 경험에서 생겨나 오랫동안 널리 쓰이면서 속담이나 관용구처럼 굳어진 표현이에요. 그래서 한자 성어를 배우면 역사 속 지혜와 교훈을 배울 수 있어요.
하지만 한자 성어에는 그 말에 얽힌 특별한 역사와 이야기가 녹아 있어서 한자의 뜻만으로는 제대로 의미를 알아차리기 어려울 때가 많아요.

왜 복잡하고 어려운 한자로 이루어졌죠?

조선 시대 세종 대왕이 우리 글자인 훈민정음을 만들기 전까지 우리는 오랫동안 중국의 글자인 한자를 이용해 말을 표기했어요. 그래서 우리말에 한자어가 많이 남아 있지요.
그렇다고 너무 어렵게 생각하지 않아도 돼요. 한자 성어는 우리 생활 속에서 자주 쓰이는 꽤 익숙한 말이니까요.
'늦잠을 잔 동생이 비몽사몽 중에 가방을 챙기고 있다.', '금메달을 목표로 두 선수가 막상막하의 경기를 펼치고 있다'라는 말에서 '비몽사몽', '막상막하'가 바로 한자로 이루어진 한자 성어랍니다.

한자 성어, 어떻게 공부해야 할까요?

먼저 한자 성어를 소리 내어 읽어 보아요. 그리고 각 한자의 음과 뜻을 확인하고 어떤 뜻을 담고 있을지 생각해요. 풀이를 보고 일상에서 어떻게 사용되는지 알아본 뒤 비슷하거나 다른 뜻을 가진 말을 확인해 보아요.

《웃다 보면 알게 되는 저학년 고사성어》에는 교과서는 물론, 일상에서 자주 접할 수 있는 한자 성어 100개를 초등 저학년 눈높이에 맞추어 쉽고 재미있게 정리해 두었어요. 100가지 다른 상황에서 사용할 수 있는 한자 성어를 익히다 보면 어휘력이 늘고 그 속에 담긴 지혜도 얻을 수 있답니다.
그럼 지금 당장 한자 성어를 익히러 함께 떠나 볼까요?

등장인물

똥군

구린내 최강자는 바로 나!
펭덩이와는 방귀 트고 지내는
절친이지만, 구린내만큼은
지고 싶지 않아.

펭덩이

지구는 내가 지킨다!
머리에서 뿜어져 나오는 방귀와 구린내로
모두 질식시켜 주마.

야옹군

내 콧구멍, 미안해!
어째서 제일 친한 펭덩이와 똥군이 구린내
대장들인지… 오늘도 잘 버텨 보자,
내 콧구멍아!

우린 펭덩이의 가스가 필요했을 뿐!
절대 펭덩이를 속이거나 괴롭힐 의도는 없어.
진짜야, 믿어 줘.

외계인들

차례

★ 가족과 친구! 고사성어

1. 각양각색 - 10
2. 결초보은 - 11
3. 동고동락 - 12
4. 동병상련 - 14
5. 동상이몽 - 16
6. 반포지효 - 18
7. 유유상종 - 20
8. 오매불망 - 21
9. 삼삼오오 - 22
10. 이심전심 - 24
11. 죽마고우 - 25
12. 삼고초려 - 26

★ 그릇된 말과 행동! 고사성어

13. 감언이설 - 30
14. 경거망동 - 31
15. 노발대발 - 32
16. 우왕좌왕 - 33
17. 적반하장 - 34
18. 모순 - 35
19. 사족 - 36
20. 우유부단 - 37
21. 비몽사몽 - 38
22. 동문서답 - 40
23. 주객전도 - 41
24. 마이동풍 - 42
25. 배은망덕 - 44

★ 세상의 이치! 고사성어

26. 결자해지 - 48
27. 약육강식 - 50
28. 권선징악 - 52
29. 인과응보 - 53
30. 고진감래 - 54
31. 전화위복 - 56
32. 문전성시 - 58
33. 새옹지마 - 60
34. 천고마비 - 62
35. 희로애락 - 63

★ 의지와 결심! 고사성어

36. 배수진 - 66
37. 살신성인 - 68
38. 개과천선 - 70
39. 파죽지세 - 72
40. 정정당당 - 74
41. 좌우명 - 76
42. 화룡점정 - 77
43. 작심삼일 - 78
44. 용두사미 - 79
45. 주경야독 - 80
46. 형설지공 - 82
47. 초지일관 - 83
48. 외유내강 - 84
49. 와신상담 - 85

★ 재능과 노력! 고사성어

- 50. 군계일학 – 88
- 51. 막상막하 – 89
- 52. 환골탈태 – 90
- 53. 청출어람 – 92
- 54. 백미 – 94
- 55. 백발백중 – 96
- 56. 다재다능 – 98
- 57. 팔방미인 – 99
- 58. 박학다식 – 100
- 59. 동분서주 – 101
- 60. 난형난제 – 102
- 61. 일취월장 – 104
- 62. 대기만성 – 105

★ 욕심과 어리석음! 고사성어

- 63. 각주구검 – 108
- 64. 과유불급 – 109
- 65. 조삼모사 – 110
- 66. 무용지물 – 112
- 67. 어부지리 – 114
- 68. 소탐대실 – 116
- 69. 일장춘몽 – 118
- 70. 견물생심 – 120
- 71. 계륵 – 121
- 72. 토사구팽 – 122
- 73. 안하무인 – 124
- 74. 대동소이 – 125

★ 삶의 지혜! 고사성어

- 75. 지피지기 – 128
- 76. 타산지석 – 129
- 77. 임기응변 – 130
- 78. 호시탐탐 – 132
- 79. 금상첨화 – 134
- 80. 백문불여일견 – 136
- 81. 심사숙고 – 138
- 82. 십시일반 – 139
- 83. 일거양득 – 140
- 84. 온고지신 – 141
- 85. 유비무환 – 142
- 86. 역지사지 – 144

★ 고난과 역경! 고사성어

- 87. 노심초사 – 148
- 88. 사면초가 – 149
- 89. 구사일생 – 150
- 90. 다사다난 – 152
- 91. 설상가상 – 154
- 92. 속수무책 – 156
- 93. 수수방관 – 158
- 94. 풍비박산 – 159
- 95. 오리무중 – 160
- 96. 유구무언 – 161
- 97. 전전긍긍 – 162
- 98. 자포자기 – 163
- 99. 풍전등화 – 164
- 100. 함흥차사 – 166

고사성어
결초보은
동병상련
동상이몽
반포지효

유유상종
오매불망
삼삼오오
이심전심

죽마고우
삼고초려

사자성어
각양각색
동고동락

1 각양각색 各樣各色
각기 각 / 모양 양 / 각기 각 / 빛 색
여러 가지 모양과 여러 가지 빛깔

아무리 많은 사람이 모여 있어도 한 사람 한 사람 자세히 뜯어보면 얼굴, 피부색, 머리 모양, 키 등이 모두 달라요. 이처럼 사람들은 생김과 재주가 다르며 각자의 개성을 지니고 있다는 말이랍니다.

이렇게 사용해요 우리 반에는 각양각색의 친구들이 있다.

2 결초보은 結草報恩
맺을 결 · 풀 초 · 갚을 보 · 은혜 은

풀을 엮어 은혜를 갚다

장군에게 은혜를 입은 노인이 있었어요. 비록 노인은 죽은 영혼이었지만, 은혜를 갚기 위해 들판의 풀들을 엮어 올가미를 만들었지요. 마침 들판을 지나던 적군이 올가미에 걸려 넘어졌고, 장군은 전투에서 승리할 수 있었답니다. 이처럼 결초보은은 죽어서도 그 은혜를 잊지 않고 갚겠다는 의지가 담긴 말이에요.

반대말 (사자성어) 배은망덕 (속담) 은혜를 원수로 갚는다
이렇게 사용해요 이렇게 멋지게 키워 주신 부모님의 은혜, 결초보은할게요.

3 동고동락

괴로움도 함께하고 즐거움도 함께한다

세상의 모든 일을 함께 겪는다는 뜻이에요. 기쁜 일, 슬픈 일 등 많은 일을 함께 겪으며 신뢰가 쌓인 사람들 사이를 가리키지요.

반대말 (속담) 달면 삼키고 쓰면 뱉는다
이렇게 사용해요 우리는 동고동락하는 친구 사이야.

4 동병상련

同病相憐
같을 동 / 병 병 / 서로 상 / 불쌍히 여길 련

같은 병을 앓으며 서로 불쌍히 여긴다

곤란하거나 어려운 상황에서 비슷한 처지에 있는 사람끼리 서로 이해하며 가엾게 여긴다는 뜻이에요.

비슷한 말
(고사성어) 유유상종
(속담) 가재는 게 편 / 검둥개는 돼지 편

이렇게 사용해요
받아쓰기에서 꼴찌를 한 짝꿍과 수학 시험에서 꼴찌를 한 나는 동병상련을 느끼며 단짝이 되었다.

5 동상이몽

同 같을 동　床 침상 상　異 다를 이　夢 꿈 몽

같은 잠자리에서 다른 꿈을 꾼다

겉으로는 같은 생각을 하며 행동하는 것처럼 보이지만, 속으로는 각자 다른 생각을 하고 있다는 뜻이에요.

이렇게 사용해요
눈 내리는 하늘을 바라보며 친구는 눈이 그치기를 바라고 나는 계속 눈이 오기를 바라는 동상이몽을 한다.

6 반포지효

反哺之孝
돌이킬 반 먹일 포 어조사 지 효도 효

까마귀 새끼가 어미에게 먹이를 물어다 준다

어미 까마귀는 새끼에게 먹이를 물어다 주며 정성을 다해 길러요. 새끼 까마귀는 자라서 늙은 어미에게 먹이를 물어다 주며 효도하지요. 이처럼 다 자란 자식이 부모에게 은혜를 갚는다는 뜻을 담고 있어요.

비슷한 말 (속담) 효성이 지극하면 돌 위에 풀이 난다
이렇게 사용해요 바쁘신 부모님께 저녁을 차려 드리며 반포지효를 실천했다.

7 유유상종

비슷한 무리끼리 서로 따르다

무언가 비슷한 점이 있으면 서로 마음이 잘 맞아 친구가 되기 쉬워요. 이처럼 비슷한 성격이나 비슷한 생각을 가진 사람끼리 서로 어울려 친하게 지내는 것을 말해요.

비슷한 말 (고사성어) 동병상련 (속담) 가재는 게 편

이렇게 사용해요 유유상종이라더니 고만고만한 친구들끼리 모였네.

8 오매불망

寤寐不忘
깰 오 · 잠잘 매 · 아니 불 · 잊을 망

자나 깨나 잊지 않는다

좋아하는 사람을 보고 싶어 하는 마음이 커서 깨어 있을 때도, 자려고 누워 있을 때도 늘 그리워한다는 뜻이에요.

비슷한 말
(관용구) 눈에 아른거리다 / 눈에 밟히다

이렇게 사용해요
시골에 계신 할머니를 오매불망 그리워한다.

9 삼삼오오
세 명씩, 다섯 명씩 모여 있다

조별 수업을 할 때는 한 조를 이룬 친구들끼리 모여 앉아서 수업을 해요. 이처럼 서너 사람 또는 대여섯 사람이 무리 지어 다니거나, 모여서 어떤 일을 할 때 사용하는 말이에요.

이렇게 사용해요 친구들과 삼삼오오 모여 앉아 김밥을 먹으며 소풍을 즐겼다.

10 이심전심
마음에서 마음으로 전한다

마음이 서로 통해서 내가 생각하는 것과 상대방이 생각하는 것이 같을 때 사용해요. 굳이 말로 하지 않아도 상대방이 내 뜻을 알아줄 때 사용합니다.

비슷한 말 (관용구) 마음이 통하다
이렇게 사용해요 동생과 나는 말썽을 부릴 땐 늘 이심전심으로 통한다.

11 죽마고우

竹 馬 故 友
대나무 죽 / 말 마 / 예 고 / 벗 우

대나무 말을 함께 타던 어린 시절 친구

어린 시절부터 함께 놀며 자란 친구라는 뜻이에요. 얼굴 표정만 보아도 서로의 생각을 다 알 수 있는 막역한 사이라는 의미로 사용하지요.

비슷한 말
(속담) 친구는 옛 친구가 좋고 옷은 새 옷이 좋다

이렇게 사용해요
저 아이는 유치원 시절부터 지금까지 내 죽마고우야.

12 삼고초려

오두막집을 세 번이나 돌아보다

재주가 뛰어난 사람을 내 편으로 만들기 위해서는 자신을 낮추고, 몇 번이라도 찾아가 설득하는 참을성과 정성이 필요하다는 말이에요.

이렇게 사용해요 우리 팀에 꼭 필요한 선수라서 삼고초려 끝에 데려왔어.

고사성어
감언이설
경거망동
적반하장
모순

사족
우유부단
마이동풍

사자성어
노발대발
우왕좌왕
비몽사몽
동문서답

주객전도
배은망덕

13 감언이설

원하는 것을 얻기 위해 귀가 솔깃하도록 남의 비위를 맞추거나 거짓으로 치켜세우며 칭찬하는 말을 뜻해요.

비슷한 말 (관용구) 입에 발린 소리
이렇게 사용해요 사기꾼들의 감언이설에 속으면 안 된다.

14 경거망동

가볍고 망령되게 행동하다

일의 앞뒤를 따지지 않고 경솔하게 행동한다는 뜻이에요. 조심하지 않고 허둥지둥 서두르다 일을 그르칠 때 사용한답니다.

- **비슷한 말** (속담) 값도 모르고 싸다 한다
- **이렇게 사용해요** 너는 너무 경거망동해. 침착하게 생각하고 행동하렴.

15 노발대발

怒 발끈노 發 쏠발 大 큰대 發 쏠발

성이 나서 크게 화를 내다

기분이 언짢거나 불쾌함이 치밀어 올라 펄펄 뛰며 매우 크게 화를 내는 모습을 나타내는 말이에요.

> 감히 내 왕관을 탐내며 소란을 피우다니… 저놈을 당장 추방하라!
>
> 엄청 화가 나셨다. 어떡하지?

비슷한 말 (관용구) 입에 게거품을 물다 / 성이 머리끝까지 나다
이렇게 사용해요 내 발에 걸려 넘어진 친구가 노발대발했다.

16 우왕좌왕

右往左往
오른쪽 우 / 갈 왕 / 왼쪽 좌 / 갈 왕

오른쪽으로 갔다 왼쪽으로 갔다

일의 방향을 찾지 못해 이리저리 왔다 갔다 헤매는 상태를 빗댄 표현이에요. 갑작스러운 상황에 어떻게 해야 할지 결정하지 못하고 자꾸 번복할 때도 사용하지요.

반대말
(속담) 호랑이에게 물려 가도 정신만 차리면 산다

이렇게 사용해요
할 일이 너무 많아서 무엇을 먼저 해야 할지 우왕좌왕하고 있다.

17 적반하장 賊反荷杖
도둑 적 / 도리어 반 / 멜 하 / 몽둥이 장

도둑이 도리어 몽둥이를 든다

도둑이 주인에게 덤벼드는 것처럼 잘못한 사람이 도리어 아무 잘못도 없는 사람을 나무란다는 뜻이에요.

비슷한 말 (사자성어) 주객전도 (속담) 방귀 뀐 놈이 성낸다

이렇게 사용해요 적반하장이라더니, 사고는 네가 쳐 놓고 왜 나한테 화풀이야.

18 모순 矛盾
창과 방패

모든 방패를 뚫을 수 있는 창과 모든 창을 막을 수 있는 방패는 동시에 존재할 수 없다는 뜻이에요. 말이나 행동이 서로 앞뒤가 맞지 않을 때 사용하지요.

비슷한 말 (관용구) 앞뒤가 다르다

이렇게 사용해요 다이어트 중이라면서 배고픔을 잊겠다고 간식을 그렇게 많이 먹는 건 모순된 행동이야.

19 사족 蛇足
뱀의 다리

미끄러지듯 기어 다니는 뱀에게 다리는 필요 없어요. 이처럼 있는 것보다 없는 것이 나은, 쓸데없는 물건을 가리킬 때 사용해요. 쓸데없는 일을 해서 오히려 일을 망칠 때 사용하기도 해요.

비슷한 말 (속담) 긁어 부스럼
이렇게 사용해요 나비 핀은 사족인 것 같은데, 빼고 단순하게 꾸미자.

20 우유부단

優柔不斷
넉넉할 우 · 부드러울 유 · 아니 부 · 끊을 단

너무 부드러워 끊지 못한다

자기 생각보다 주변 사람들 말에 이리저리 흔들리며 어떠한 결정도 내리지 못하는 것을 말해요. 망설이기만 하고 딱 잘라서 결정을 내리지 못할 때 사용하지요.

비슷한 말
(속담) 간다 간다 하면서 아이 셋 낳고 간다

이렇게 사용해요
빨간 모자와 파란 모자 중 어떤 걸 써야 할 지 결정을 못하겠어.
난 정말 우유부단해!

21 비몽사몽

非 夢 似 夢
아닐 비 꿈 몽 같을 사 꿈 몽

꿈이 아닌 듯 꿈인 것 같다

꿈인 것 같기도 하고 꿈이 아닌 것 같기도 하다는 뜻으로, 완전히 잠들지도 않고 완전히 깨지도 않은 상태를 말합니다. 잠에서 덜 깨어 멍하니 흐릿하여 넋이 나간 상태일 때 사용하지요.

비슷한 말 (관용구) 꿈인지 생시인지

이렇게 사용해요 저녁을 먹은 뒤 잠이 쏟아져서 비몽사몽 중에 숙제를 했다.

22 동문서답

동쪽을 묻자 서쪽이라 답하다

질문을 이해하지 못하고 엉뚱한 대답을 늘어놓는 것을 말해요.
종종 대답하기 곤란한 질문을 받았을 때 그 상황을 피하기 위해 일부러 동문서답을 할 때도 있어요.

반대말 (관용구) 척하면 착이다

이렇게 사용해요 좋아하는 색을 물었더니, 갑자기 피자가 먹고 싶다고? 완전히 동문서답이잖아!

23 주객전도

主 客 顚 倒
주인 주 손님 객 뒤집힐 전 거꾸로 도

주인과 손님이 뒤바뀌다

다른 곳에서 온 사람이 원래 있던 사람의 자리를 차지한다는 뜻이에요. 주로 중요한 일과 중요하지 않은 일, 급한 것과 급하지 않은 것의 상황이 뒤바뀌었을 때 사용하는 말이랍니다.

비슷한 말
(고사성어) 적반하장
(속담) 굴러 온 돌이 박힌 돌 뺀다

이렇게 사용해요
내가 강아지를 산책시키는 게 아니라, 강아지가 나를 산책시키는 것 같아. 이거야말로 주객전도잖아!

24 마이동풍

馬耳東風
말 마 / 귀 이 / 동녘 동 / 바람 풍

말의 귀에 부는 동쪽 바람

바람이 말의 귀를 스쳐 가는 것처럼 남의 말에 귀 기울이지 않고 그냥 흘려버리는 사람을 빗댄 표현이에요. 자기 멋대로 행동하는 사람에게 주로 사용하지요.

비슷한 말 (속담) 쇠귀에 경 읽기
이렇게 사용해요 동생에게 아무리 좋은 말을 해 줘도 늘 마이동풍이야.

25 배은망덕

背恩忘德
배신할 배 / 은혜 은 / 잊을 망 / 덕 덕

은혜를 배신하고 덕을 잊다

힘들고 어려울 때 베풀어 준 은혜에 보답을 하기는커녕 도리어 은혜를 원수로 갚을 때 사용해요.

비슷한 말
(관용구) 뒤통수를 때리다

반대말
(고사성어) 결초보은

이렇게 사용해요
숙제를 도와준 은혜도 모르는 넌, 배은망덕한 친구야!

고사성어
약육강식
권선징악
인과응보
고진감래

전화위복
문전성시
새옹지마
천고마비

사자성어
결자해지
희로애락

세상의 이치! 고사성어

26 결자해지

結者解之
맺을 결 · 놈 자 · 풀 해 · 갈 지

매듭을 묶은 사람이 풀어야 한다

일을 시작한 사람이 끝맺음까지 해야 한다는 뜻이에요. 즉 문제를 일으킨 사람이 그 일을 끝까지 책임지고 해결하라는 말이지요.

28 권선징악

勸 善 懲 惡
권할 권 / 착할 선 / 징계할 징 / 악할 악

선을 권하고 악을 벌하다

동화책이나 드라마에서 나쁜 악당은 벌을 받고 착한 주인공은 행복해지는 장면을 본 적이 있을 거예요. 이렇게 착한 일은 하도록 권장하고 악한 일을 하면 벌을 받는다는 뜻으로 사용해요.

나쁜 짓을 한 펭덩이를 벌할 힘을 주소서~

앗! 저건… 착한 아이만 쓸 수 있다는 번쩍번쩍 번개 전법?

아, 안돼!

비슷한 말 (고사성어) 인과응보

이렇게 사용해요 착한 흥부는 부자가 되고, 못된 놀부는 벌을 받는 〈흥부전〉이야말로 권선징악의 대표적인 예야.

29 인과응보

因果應報
원인 인 / 열매 과 / 응할 응 / 갚을 보

원인과 결과는 서로 이어져 있다

좋은 일에는 좋은 결과가 따르고, 나쁜 일에는 나쁜 결과가 따른다는 뜻이에요.

비슷한 말
(고사성어) 권선징악
(속담) 콩 심은 데 콩 나고 팥 심은 데 팥 난다

이렇게 사용해요
친구를 괴롭히더니, 결국 벌을 받는구나. 역시 인과응보야.

30 고진감래

苦(쓸 고) 盡(다할 진) 甘(달 감) 來(올 래)
쓴 것이 다하면 단 것이 온다

쓴 것은 힘들고 어려운 일을, 단 것은 즐겁고 좋은 일을 말해요. 병원에서 따끔한 주사를 맞으면 의사 선생님이 주는 달콤한 사탕을 먹을 수 있는 것처럼 어렵고 힘든 일을 잘 이겨내면 즐겁고 좋은 일이 찾아온다는 뜻이에요.

펭덩이가 끌려간다~
와! 와!
와~ 와~
참고 견디니 이런 좋은 날이 오는구나!
끝

비슷한 말 (속담) 고생 끝에 낙이 온다 / 비 온 뒤에 땅이 굳어진다
이렇게 사용해요 고진감래라더니, 열심히 연습해서 달리기 시합에서 1등을 했어.

31 전화위복

轉 바꿀 전 禍 재앙 화 爲 될 위 福 복 복

재앙이 복으로 바뀌다

안 좋은 일이 생겼을 때 포기하고 주저앉기보다는 그 상황을 이겨 내기 위해 최선을 다하면 더 나은 방향으로 일이 풀릴 수 있어요. 불행한 일도 의지를 갖고 끊임없이 노력하면 행복한 일로 바꿀 수 있다는 뜻이랍니다.

- **비슷한 말** (고사성어) 새옹지마
- **이렇게 사용해요** 동생과의 싸움이 전화위복이 되어 사이가 더 좋아졌어.

32 문전성시

門 前 成 市
문 문 앞 전 이룰 성 저자 시

문 앞이 시장을 이루다

시장이 열리면 물건을 사기 위해 많은 사람이 모이는 것처럼 어떤 장소에 많은 사람이 찾아온다는 뜻이에요.

반대말 (관용구) 파리 날리다

이렇게 사용해요 큰길에 떡볶이 가게가 생겼는데, 맛있다고 소문이 나서 문전성시를 이루었어.

33 새옹지마

변방에 사는 늙은이의 말

옛날 한 시골 마을에 말을 키우며 사는 노인이 있었어요.
하루는 노인의 아들이 말을 타다가 떨어져 다리가 부러지고 말았지요.
며칠 뒤, 전쟁이 일어났고 나라의 모든 청년이 전쟁터에 나가야 했어요.
하지만 노인의 아들은 다리가 부러진 까닭에 집에 머무를 수 있었지요.
이처럼 세상일의 좋고 나쁨은 계속 바뀌어 예측할 수 없으니
눈앞에서 벌어지는 결과에 너무 신경 쓰지 말라는 뜻이랍니다.

반대말 (속담) 음지가 양지 되고 양지가 음지 된다

이렇게 사용해요 인기가 많아지니까 질투하는 사람도 늘었어. 역시 인생사 새옹지마구나.

34 천고마비

天 하늘 천　高 높을 고　馬 말 마　肥 살찔 비

하늘은 높고 말은 살찐다

온갖 곡식이 무르익는 계절이라 말이 살찐다는 뜻으로, 가을을 나타내는 표현이에요. 하늘은 맑고 푸르며, 춥지도 않고 덥지도 않은 딱 적당한 날씨라 활동하기에 무척 좋은 계절이라는 의미로 사용하지요.

이렇게 사용해요 이제 곧 천고마비의 계절이야.

고사성어
배수진
살신성인
개과천선
파죽지세

좌우명
화룡점정
작심삼일
용두사미

형설지공
외유내강
와신상담

사자성어
정정당당
주경야독
초지일관

36 배수진

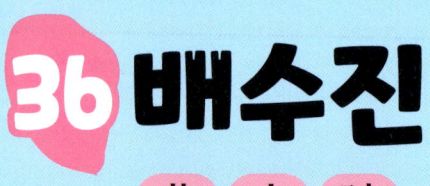

背水陣
등 배 / 물 수 / 진 칠 진

물을 등지고 진을 치다

앞에는 적이 있고 뒤에는 강이 있어요. 피할 곳이 없으니 목숨 걸고 싸울 수밖에 없지요. 이처럼 무언가를 이루기 위해 더 이상 물러설 수 없을 정도로 열심히 할 때 쓰는 말이에요.

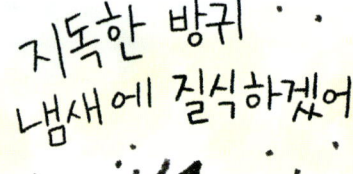

비슷한 말 (속담) 궁지에 빠진 쥐가 고양이를 문다
이렇게 사용해요 대회 꼴등만은 피하기 위해 배수진을 치고 마지막 경기에 집중했다.

31 살신성인

殺身成仁
죽일 살 / 몸 신 / 이룰 성 / 어질 인

자기 몸을 죽여 옳은 일을 이루다

소방관이 사람들을 구하기 위해 화재 현장에 뛰어드는 것처럼 자신을 희생해 남을 돕고 옳은 일을 하는 것을 말해요.

비슷한 말
(관용구) 몸을 던지다

이렇게 사용해요
살신성인으로 물에 빠진 친구를 구했어요.

38 개과천선 改過遷善

고칠 개 / 잘못 과 / 옮길 천 / 착할 선

잘못을 고쳐 착하게 바뀌다

지난날의 잘못을 뉘우치고 고쳐서 올바르고 착한 사람이 되었다는 뜻이에요. 큰 실수를 저질렀을지라도 자신을 반성하고 실수를 반복하지 않으려고 노력하는 사람에게 사용한답니다.

- **비슷한 말** (사자성어) 환골탈태
- **반대말** (속담) 흰 개 꼬리 굴뚝에 삼 년 두어도 흰 개 꼬리다
- **이렇게 사용해요** 개과천선하지 않으면, 친구들은 절대 너랑 놀지 않을 거야.

39 파죽지세
대나무를 깨뜨릴 기세

대나무는 한 번 쪼개지면 그 결을 따라 단숨에 끝까지 갈라져요. 이렇게 대나무가 단번에 갈라지는 것처럼 거침없이 적을 물리치고 나아가 맞설 상대가 없다는 뜻으로 사용하지요.

| 비슷한 말 | (속담) 산도 허물고 바다도 메울 기세 |
| 이렇게 사용해요 | 출전 선수 중 가장 어린 선수가 파죽지세로 퀴즈 대회 결승까지 올라왔다. |

덤벼라.
지구를 지키는 천하의 무적 **펭덩이**다.
지구인들 그만 괴롭히고 정정당당하게 나랑 일대일로 겨루자!

싫은데, 다 괴롭힐 건데?

40 정정당당
正 바를 정 正 바를 정 堂 당당할 당 堂 당당할 당
바르고 당당하다

거짓된 말과 행동 없이 태도나 방법이 올바르고 정당하여 떳떳하게 행동한다는 뜻이에요.

비슷한 말 (속담) 우러러 하늘에도 부끄럽지 않고 굽어 땅에도 부끄럽지 않다
이렇게 사용해요 반칙하지 말고 정정당당하게 대결하자.

41 좌우명 座右銘
자리 좌 · 오른쪽 우 · 새길 명
오른쪽 자리에 두고 마음에 새기다

늘 가까이 두고 가르침으로 삼는 말이나 문구를 뜻해요. 보통 이루고자 하는 목표나 무슨 일이 있어도 꼭 지키려고 하는 것들을 문구로 정해 좌우명으로 삼지요.

깨끗한 똥~
썩지 않는 똥~
냄새 없는 똥~
내 삶의 목표야!

우아, 멋지다.

이렇게 사용해요 내 좌우명은 '흐르는 물은 썩지 않는다!'야.

42 화룡점정

畵龍點睛
그림 화 / 용 룡 / 점 점 / 눈동자 정
용을 그린 뒤 눈동자에 점을 찍다

용을 그리고 마지막으로 눈동자를 그려 넣어 완성한다는 뜻이에요.
어떤 일을 할 때 가장 중요한 부분을 마무리함으로써 일을 완벽하게 끝냈을 때 사용해요.

반대말 (고사성어) 사족
이렇게 사용해요 캠핑의 화룡점정은 캠프파이어지!

43 작심삼일

결심한 마음이 3일을 못 간다

계획표에 맞춰 알찬 방학을 보내기로 결심하지만, 사흘을 넘기지 못한 채 포기하고 말아요. 이처럼 계획한 일이 며칠을 넘기지 못하고 흐지부지되는 것을 뜻해요.

비슷한 말 (고사성어) 용두사미

반대말 (사자성어) 초지일관

이렇게 사용해요 매일 운동하기로 한 계획이 작심삼일로 끝났다.

44 용두사미

용의 머리와 뱀의 꼬리

처음은 용의 머리처럼 거창하지만, 끝은 뱀의 꼬리처럼 작고 볼품없다는 뜻이에요. 시작은 좋지만 끝이 좋지 않을 때 사용하지요.

비슷한 말
(고사성어) 작심삼일

반대말
(사자성어) 초지일관

이렇게 사용해요
방학 숙제를 일주일 만에 끝내겠다는 계획이 용두사미가 되었다.

45 주경야독

낮에는 밭을 갈고 밤에는 책을 읽는다

생활비를 벌기 위해 낮에는 일하고, 밤에는 잠자는 시간을 아껴서 공부한다는 뜻이에요. 어려운 상황에서도 공부를 게을리하지 않을 때 사용한답니다.

비슷한 말 (고사성어) 형설지공 (속담) 공든 탑이 무너지랴
이렇게 사용해요 주경야독으로 공부한 끝에 대학에 합격했다.

46 형설지공 螢雪之功
반딧불이 형 눈 설 어조사 지 공 공

반딧불이의 빛과 눈의 빛으로 공부하여 이룬 결과

등불 살 돈이 없어서 캄캄한 밤에 반딧불의 빛을 이용하거나 새하얗게 쌓인 눈의 빛으로 책을 읽으며 공부해 성공을 이루었다는 뜻이에요. 온갖 어려움에도 포기하지 않고 열심히 노력하는 자세를 말하지요.

비슷한 말 (사자성어) 주경야독 (속담) 공든 탑이 무너지랴
이렇게 사용해요 형설지공의 노력으로 초등 수학 경시대회 1등을 차지했어!

47 초지일관

初 志 一 貫
같을 초 / 괴로울 지 / 같을 일 / 즐거울 관

처음 품은 뜻을 한결같이 꿰뚫는다

처음 시작했을 때 세운 뜻이나 마음을 변함없이 끝까지 지키며 마무리하는 자세를 말해요.

변기에 앉은 순간부터 쭈~욱 저러고 있어.

대단해. 벌써 3일째 계속 책만 보고 있다니까.

↑ 〈도전! 변비 해결〉 책 읽는 중

비슷한 말
(속담) 우물을 파도 한 우물을 파라

반대말
(고사성어) 용두사미 / 작심삼일

이렇게 사용해요
매번 꿈이 바뀌는 친구들도 있지만 내 꿈은 초지일관 과학자이다.

48 외유내강 外柔內剛
밖 외 / 부드러울 유 / 안 내 / 굳셀 강
겉은 부드러우나 안은 강하다

겉모습은 순하고 부드러워 보이지만 속마음은 단단하고 강하다는 뜻이에요. 평소에는 허약해 보여서 보호를 받아야 할 것 같지만, 옳지 않은 일이 벌어졌을 때 당당히 맞서는 단단한 의지를 지닌 사람을 나타내는 말이랍니다.

비슷한 말 (속담) 작은 고추가 더 맵다

이렇게 사용해요 엄마는 모든 사람에게 친절히 대하지만, 예의를 지키지 않는 사람에게는 쓴소리도 마다하지 않는 외유내강인 분이다.

49 와신상담

臥 薪 嘗 膽
누울 와 / 섶 신 / 맛볼 상 / 쓸개 담

섶 위에 누워 쓸개를 맛보다

원수를 잊지 않기 위해 장작더미 위에서 불편하게 잠을 자고, 쓰디쓴 쓸개를 맛보며 복수를 다짐한다는 뜻이에요. 마음먹은 일을 이루기 위해 온갖 어려움을 참고 견딘다는 의미로 사용하지요.

비슷한 말
(관용구) 칼을 갈다

이렇게 사용해요
내게 패배를 안긴 경쟁 상대를 이기기 위해 와신상담하며 연습하고 있다.

고사성어

군계일학
청출어람
백미
백발백중

다재다능
난형난제
일취월장
대기만성

사자성어

막상막하
환골탈태
팔방미인
박학다식

동분서주

우와~ 또 명중이야!

재능과 노력! 고사성어

50 군계일학

닭의 무리 중에 있는 한 마리의 학

여러 마리 닭 사이에 다리가 긴 학이 있으면 눈에 띄어요. 마찬가지로 뛰어난 재주를 갖춘 사람 역시 어디서든 돋보이지요. 이처럼 많은 사람 사이에 있어도 유난히 눈에 띄는 사람을 뜻하는 말이에요.

비슷한 말 (고사성어) 백미 (속담) 달걀로 치면 노른자다
이렇게 사용해요 이번 오디션에서 너는 군계일학이었어.

51 막상막하

莫 上 莫 下
없을 막 · 위 상 · 없을 막 · 아래 하

위도 없고 아래도 없다

실력이나 수준이 비슷하여 누가 더 잘하고 못하는지 가리기 힘들다는 뜻이에요.

누가 더 빠른 거야?

글쎄… 우열을 가리기 힘들 것 같은데?

비슷한 말
(고사성어) 난형난제

이렇게 사용해요
결승전에 오른 선수들의 실력이 막상막하여서 우승자를 예측하기 어렵다.

52 환골탈태

換 骨 奪 胎
바꿀 환 뼈 골 빼앗을 탈 아기밸 태

뼈를 바꾸고 탯줄을 빼앗다

뼛속부터 바뀐 듯 보다 나은 방향으로 변하여 전혀 딴사람처럼 되었다는 뜻이에요. 외모나 마음가짐, 실력 등이 이전과는 비교할 수 없을 정도로 완전히 새롭게 바뀌었을 때 사용하지요.

비슷한 말 (고사성어) 개과천선
반대말 (속담) 흰 개 꼬리 굴뚝에 삼 년 두어도 흰 개 꼬리다
이렇게 사용해요 목욕시키고 털을 빗겨 주니 꼬질꼬질했던 강아지가 환골탈태했어.

53 청출어람

青 出 於 藍
푸를 청 · 날 출 · 어조사 어 · 쪽 람

쪽에서 뽑아낸 푸른 물감이 쪽보다 더 푸르다

'쪽'의 본래 색보다 쪽의 잎사귀로 만든 남색 물감이 더 진하다는 뜻이에요. 스승이나 선배보다 실력이 더 뛰어난 제자나 후배를 가리키는 말이랍니다.

비슷한 말
(속담) 나중 난 뿔이 우뚝하다

반대말
(속담) 형만 한 아우 없다

이렇게 사용해요
엄마께서 내가 만든 떡볶이를 맛 본 뒤, 청출어람이라고 칭찬해 주셨다.

54 백미 白眉
흰 눈썹
(흰 백 / 눈썹 미)

옛날 중국에 '마'씨 성을 가진 다섯 형제가 있었는데, 그중에서도 흰 눈썹을 가진 첫째의 지혜와 인품이 가장 뛰어났어요. '백미'는 사람들이 흰 눈썹을 가진 첫째를 칭찬했다는 것을 빗댄 표현으로, 여럿 가운데 가장 뛰어난 사람이나 물건을 가리키는 말이에요.

비슷한 말
(고사성어) 군계일학
(속담) 달걀로 치면 노른자다

이렇게 사용해요
놀이공원의 백미는 역시 귀신의 집이지.

55 백발백중

百發百中
일백 백 · 쏠 발 · 일백 백 · 가운데 중

백 번 쏘아서 백 번 맞히다

활이나 총을 백 발 쏘면, 백 발 모두 과녁에 명중시킨다는 뜻이에요.
목표로 삼은 일이 계획대로 들어맞거나 하는 일마다 실패 없이 잘 되는 등
모든 일이 틀림없이 맞아떨어질 때
사용하지요.

이렇게 사용해요 우리나라 양궁 선수들의 실력은 백발백중이다.

56 다재다능

多才多能
많을 다 · 재주 재 · 많을 다 · 능할 능

재주도 많고 능력도 많다

한 가지만 잘하기도 쉽지 않은데, 공부도 잘하고 운동도 잘하는데 게다가 노래도 잘 부르고 춤까지 잘 추는 사람이 종종 있어요.
이렇게 여러 가지를 모두 잘하는 사람을 가리키는 표현이에요.

비슷한 말 (사자성어) 팔방미인

이렇게 사용해요 나는 노래도 잘 부르고, 춤도 잘 추는 다재다능한 인재야.

57 팔방미인 八方美人
여덟 **팔** 방향 **방** 아름다울 **미** 사람 **인**

여러 방면에서 능통한 사람

한 방면에서 뛰어난 것이 아니라 다양한 방면에서 여러 가지 뛰어난 재주를 갖춘 사람을 가리키는 말이에요.

비슷한 말 (고사성어) 다재다능

이렇게 사용해요 공부면 공부, 운동이면 운동, 난 정말 못하는 게 없는 팔방미인이야.

58 박학다식

널리 배우고 아는 것이 많다

많이 배우고 아는 게 많은 사람을 가리키는 말이에요.
지식의 범위가 넓고 깊은 사람에게 사용합니다.

이렇게 사용해요 선생님처럼 박학다식한 사람이 되고 싶어요.

59 동분서주

東奔西走
동녘 동 / 달릴 분 / 서녘 서 / 달릴 주
동쪽으로 달리고 서쪽으로 달린다

정신없이 이리저리 매우 바쁘게 돌아다닌다는 뜻이에요. 너무 바빠서 여기저기 왔다 갔다 하면서 서두르는 상황에서 사용해요.

비슷한 말 (속담) 동에 번쩍 서에 번쩍
이렇게 사용해요 학예회 준비로 선생님과 아이들 모두 동분서주하다.

60 난형난제

難兄難弟 (어려울 난, 형 형, 어려울 난, 아우 제)

형이라 하기도 어렵고 아우라 하기도 어렵다

재능이나 지식수준이 비슷해서 누가 더 낫고 못한지 우열을 가리기 어렵다는 뜻이에요. 실력이 비슷하여 둘 중에서 누가 이길지 모를 때 주로 사용해요.

비슷한 말 (사자성어) 막상막하

이렇게 사용해요 두 팀이 워낙에 난형난제라 이번 경기 결과를 예측하기가 쉽지 않군요.

61 일취월장 日就月將
날 일 / 나아갈 취 / 달 월 / 장수 장

날마다 이루고 달마다 나아간다

하루하루 꾸준히 벽돌을 쌓다 보면 실력이 생겨서 나중에는 집도 지을 수 있고, 높은 빌딩도 세울 수 있어요. 이처럼 끊임없는 노력으로 시간이 지날수록 점점 더 발전할 때 사용하는 말이지요.

비슷한 말 (속담) 티끌 모아 태산
이렇게 사용해요 농구 실력이 일취월장이네!

62 대기만성

大 器 晚 成
큰 대 / 그릇 기 / 늦을 만 / 이룰 성

큰 그릇은 늦게 이루어진다

성공은 하루아침에 이루어지는 것이 아니라 그만큼 많은 노력과 시간이 쌓여 이루어진다는 뜻이에요. 급하게 서두르지 말고 묵묵히 노력한다면 늦게라도 꿈을 펼칠 수 있답니다.

비슷한 말
(속담) 개구리도 움츠려야 뛴다

이렇게 사용해요
포기하지 않고 열심히 연습하면 넌 반드시 가수로 대기만성할 거야.

고사성어
각주구검
과유불급
조삼모사
어부지리

소탐대실
일장춘몽
계륵
토사구팽

안하무인
대동소이

사자성어
무용지물
견물생심

욕심과 어리석음! 고사성어

63 각주구검

刻(새길 각) 舟(배 주) 求(구할 구) 劍(칼 검)

배에 표시를 새겨 칼을 찾는다

배를 타고 가다 물속에 칼을 떨어뜨린 사람이 나중에 찾겠다며 배에 그 위치를 표시했어요. 그러나 나루터에 도착해서 칼을 찾으려 했을 때는 이미 배가 이동한 터라 칼을 찾을 수 없었지요. 이처럼 융통성 없이 현실에 맞지 않는 생각을 고집하는 어리석음을 이르는 말이랍니다.

비슷한 말 (속담) 하나만 알고 둘은 모른다

이렇게 사용해요 연필이 없다고 숙제를 안 하는 네 태도는 각주구검과 같아.

64 과유불급

지나친 것은 미치지 못한 것과 같다

말이 너무 없는 사람과 함께 있으면 심심하고 재미가 없어요. 그렇다고 지나치게 말이 많은 사람과 함께 있으면 피곤해지고요. 이와 같이 지나치게 많거나 모자람 없이 한쪽으로 치우치지 않은 상태가 좋다는 뜻이랍니다.

반대말 (속담) 사람과 그릇은 많을수록 좋다

이렇게 사용해요 운동할 때는 꼭 과유불급을 떠올리도록 해.

65 조삼모사

朝 아침조 　三 셋삼　 暮 저녁모　 四 넷사

아침에 세 개, 저녁에 네 개

맛있는 빵을 아침에 3개, 저녁에 4개 먹는 것과 아침에 4개, 저녁에 3개 먹는 것. 어떤 걸 고르든 순서만 다를 뿐, 하루동안 먹는 양은 같아요. 하지만 당장 눈에 보이는 차이만 알고 결과가 같다는 것을 깨닫지 못하는 사람들이 있지요. 이런 어리석음을 꼬집기 위해 사용한답니다.

비슷한 말 (고사성어) 대동소이 (속담) 눈 가리고 아웅

이렇게 사용해요 1+1을 사는 거나 50% 할인 제품을 사는 거나 어차피 조삼모사야.

66 무용지물

無用之物
없을 무 / 쓸 용 / 어조사 지 / 물건 물

쓸모없는 물건

키가 자라 못 입게 된 옷처럼 쓸모 없어진 물건을 가리키는 말이에요. 아무런 재주가 없어서 할 수 있는 일이 아무것도 없는 사람을 가리키는 표현으로도 사용해요.

반대말 (속담) 개똥도 약에 쓴다

이렇게 사용해요 횡단보도가 사라져서 신호등이 무용지물이 되었다.

67 어부지리
어부의 이득

새가 조갯살을 쪼아먹자 조개가 입을 꽉 다물었어요. 그 바람에 조개에 부리가 물린 새는 이러지도 저러지도 못하는 상황에 처했지요. 때마침 근처를 지나던 어부가 조개와 새를 발견했고, 힘 하나 들이지 않고 모두를 잡을 수 있었어요. 이처럼 둘의 싸움으로 엉뚱한 사람이 이익을 얻을 때 사용한답니다.

비슷한 말 (속담) 죽 쑤어 개 준다

이렇게 사용해요 1, 2등 선수들이 넘어지는 바람에 3등으로 달리던 선수가 어부지리로 우승을 차지했습니다!

68 소탐대실

작은 것을 탐내다 큰 것을 잃는다

조금의 손해도 보지 않으려고 눈앞에 보이는 작은 이익을 욕심내다가 도리어 더 큰 손해를 보게 된다는 뜻이에요.

비슷한 말
(속담) 빈대 잡으려고 초가삼간 태운다

이렇게 사용해요
내 간식까지 뺏어 먹고 배탈이 난 걸 보니, 소탐대실이 떠오르는군.

69 일장춘몽
一場春夢
한 일 / 마당 장 / 봄 춘 / 꿈 몽

마당에서 한바탕 꾼 봄꿈

돈이 많고 지위가 높아서 귀하게 대접받으며 누리던 모든 것이 한낮에 꾼 달콤한 꿈처럼 의미 없이 사라지는 것을 말해요. 인생의 보람을 느껴 볼 새도 없이 시간이 너무 빨리 지나가서 마음이 허전하다는 의미로 사용하지요.

나도 알을 깨고 나가면 하늘을 훨훨 나는 멋진 새가 될 수 있겠지?

비슷한 말 (속담) 봄꽃도 한때
이렇게 사용해요 뭐든지 할 수 있었던 어린 시절이 일장춘몽처럼 느껴져.

10 견물생심

見	物	生	心
볼 견	물건 물	날 생	마음 심

물건을 보면 가지고 싶은 마음이 생긴다

별다른 생각이 없었는데, 마트나 문구점에 가면 꼭 사고 싶은 게 생겨요.
이렇게 무언가 직접 보면 가지고 싶은 욕심이 생긴다는 뜻이에요.

이렇게 사용해요 견물생심이라더니, 쇼핑몰에 갔다가 계획에 없던 치마를 사 버렸어.

71 계륵

鷄 닭 계   肋 갈빗대 륵
닭의 갈빗대

살이 거의 없는 닭의 갈비처럼 먹기에는 양이 너무 적은데, 그렇다고 버리기에는 아깝다는 뜻이에요. 꼭 필요한 건 아닌데 없으면 아쉽고, 버리면 다시 찾을 것 같을 때 사용하지요.

비슷한 말 (속담) 나 먹기는 싫고 남 주기는 아깝다
이렇게 사용해요 옷장에 계륵 같은 옷이 많아서 정리할 수가 없어.

72 토사구팽

兎 死 狗 烹
토끼 토 / 죽을 사 / 개 구 / 삶을 팽

토끼를 잡으면 사냥하던 개는 삶아 먹는다

토끼 사냥이 끝나면 더 이상 필요가 없어진 사냥개를 해친다는 뜻이에요.
필요할 때는 써먹고 쓸모 없어지면 야박하게 버리는 경우에 사용하지요.

비슷한 말 (속담) 은혜를 원수로 갚는다

반대말 (고사성어) 결초보은

이렇게 사용해요 간식 나눠 줄 때는 친한 척하더니, 다 먹고 나니까 모른 체 하는 거야?
나 완전 토사구팽 당했어!

헉!
왜 바닷속에 들어가?
앗! 강아지다.
뼈다귀가 용궁에 있거든.
또 보네.
꺅! 수영 못하는데 개살려~
히힛~ 드디어 내기 성공!
이제 넌 필요 없어.
저런… 안전벨트 안 맸구나.

73 안하무인

눈앞에 아무도 없다는 듯이 예의에 벗어난 행동을 막무가내로 하거나 남을 얕잡아 보며 업신여긴다는 뜻이에요. 다른 사람을 존중하지 않고 무례하고 뻔뻔하게 행동하는 사람에게 사용하지요.

비슷한 말 (관용구) 고삐 풀린 말

이렇게 사용해요 선생님께 칭찬 좀 듣더니 안하무인으로 행동하네!

74 대동소이

大 同 小 異
큰 대 / 같을 동 / 작을 소 / 다를 이

큰 것은 같고 작은 것은 차이가 있다

사소한 차이는 있지만 전체적으로는 같다는 뜻이에요. '다름'보다는 '같다'는 것을 강조할 때 사용해요.

비슷한 말
(고사성어) 조삼모사
(속담) 눈 가리고 아웅

이렇게 사용해요
빵 크기가 대동소이한데, 재보지 말고 그냥 먹어!

125

고사성어
지피지기
타산지석
임기응변
호시탐탐

사자성어
심사숙고

금상첨화
백문불여일견
십시일반
일거양득

온고지신
유비무환
역지사지

75 지피지기

知彼知己
알 지 / 저 피 / 알 지 / 몸 기

적을 알고 나를 안다

싸움이나 경쟁에서 이기려면 상대와 나에 대해 모두 잘 알고 있어야 한다는 뜻이에요. 상대의 장점과 단점을 파악한 뒤 내가 가진 장점과 단점을 어떻게 이용할지 계획을 세워야 경쟁에서 승리할 수 있답니다.

이렇게 사용해요 지피지기를 활용해 이번 가을 운동회에서 우승할 거야!

76 타산지석

他山之石 (다를 타, 뫼 산, 어조사 지, 돌 석)

다른 산에 있는 돌

남의 산에 있는 쓸모없는 돌일지라도 내가 가진 보석을 가는 데 쓸 수 있다는 뜻이에요. 즉, 다른 사람의 사소한 말실수나 경솔한 행동을 통해 나를 되돌아보고 깨달음을 얻을 수 있다는 뜻을 담고 있지요.

이렇게 사용해요 계단에서 넘어져 다친 친구를 타산지석 삼아 계단에서는 절대 장난치지 않기로 했어.

77 임기응변

臨 機 應 變
임할 임 / 때 기 / 응할 응 / 변할 변

그때그때 상황에 맞추어 대응하다

예상하지 못한 상황에서 어떤 일이 벌어졌을 때 당황하지 않고 상황에 맞춰 적절하게 대응하고 해결한다는 뜻이에요.

비슷한 말 (속담) 꿩 대신 닭

이렇게 사용해요 운동화 끈이 사라져 임기응변으로 안 입는 후드 티의 끈을 빼서 사용했다.

78 호시탐탐

虎 視 眈 眈
범호 볼시 노려볼탐 노려볼탐

호랑이가 먹이를 노려본다

호랑이가 눈을 부릅뜨고 먹이를 노려본다는 뜻이에요.
공격할 기회를 잡기 위해 상황을 지켜보거나, 어떤 일에 대비하기 위해
방심하지 않고 상황을 주의 깊게 관찰하는 모습을
나타내는 표현이랍니다.

비슷한 말
(관용구) 눈을 크게 뜨다

이렇게 사용해요
철수는 버스 의자에 앉기 위해 사람들이 일어서기를 호시탐탐 엿보고 있다.

79 금상첨화

錦 비단 금 　上 위 상 　添 더할 첨 　花 꽃 화

비단 위에 꽃을 더하다

명절에는 오랜만에 만난 친척들과 재미있게 놀고 맛있는 음식도 먹을 수 있어 기분이 좋아요. 이처럼 좋은 것에 또 좋은 것이 더해질 때 쓰는 말이에요.

비슷한 말
(속담) 밥 위에 떡

반대말
(고사성어) 설상가상
(관용구) 엎친 데 덮치다

이렇게 사용해요
퀴즈 대회 우승을 차지하고 상품까지 받으니 금상첨화잖아!

80 백문불여일견

百聞不如一見
일백 백 들을 문 아닐 불 같을 여 하나 일 볼 견

백 번 듣는 것보다 한 번 보는 것이 낫다

바다가 어떻게 생겼는지 설명을 듣는 것보다 직접 가서 보아야 얼마나 깊고 넓은지 더 정확하게 알 수 있겠죠? 이처럼 무엇이든 전해 듣는 것보다 실제로 경험해 보아야 확실히 알 수 있다는 뜻이에요.

비슷한 말 (속담) 듣는 것이 보는 것만 못하다
이렇게 사용해요 백문이불여일견이라고, 말만 하지 말고 직접 만들어서 보여 줘.

81 심사숙고

深思熟考
깊을 심 / 생각 사 / 익을 숙 / 생각할 고

깊이 생각하고 오래 생각한다

어떤 행동을 하기 전에 이 행동으로 어떤 문제들이 발생할지 다양한 방향으로 신중하게 검토한다는 뜻이에요.

비슷한 말 (속담) 돌다리도 두들겨 보고 건너라
이렇게 사용해요 주먹을 낼지 가위를 낼지 심사숙고하고 있다.

82 십시일반 十匙一飯
열 십 · 숟가락 시 · 한 일 · 밥 반

열 숟가락으로 밥 한 그릇을 만들다

여러 사람이 조금씩 힘을 합하면 작은 힘으로도 큰 도움을 줄 수 있다는 뜻이에요. 산불이나 홍수 같은 갑작스러운 재난으로 큰 피해를 본 사람들을 위해 많은 사람이 조금씩 보태어 도움을 주고자 할 때 사용하는 말이지요.

우아, 대단해!

휘잉

영하 50도

우리 열 마리 펭귄이 뭉쳐서 매서운 바람을 막아 줄게!

비슷한 말 (속담) 백지장도 맞들면 낫다
이렇게 사용해요 불우이웃 돕기 성금이 십시일반으로 십만 원이나 모였다.

83 일거양득

一 擧 兩 得
하나 일 / 들 거 / 둘 양 / 얻을 득

한 번 들어서 두 가지를 얻다

호랑이 두 마리가 일인자를 가리기 위해 맹렬히 싸웠어요. 결국 한 마리는 죽고, 살아남은 호랑이가 일인자가 되었지요. 하지만 일인자 호랑이 역시 큰 부상을 당하고 말았어요. 그때 숨어 있던 사냥꾼이 나타나 일인자 호랑이를 죽이고, 호랑이 두 마리를 모두 차지했답니다. 이처럼 한 가지 일을 하여 두 가지 이상의 좋은 결과를 얻었을 때 사용해요.

비슷한 말 (속담) 꿩 먹고 알 먹는다
반대말 (속담) 토끼 둘을 잡으려다가 하나도 못 잡는다
이렇게 사용해요 청소를 하니까 방도 깨끗해지고 부모님께 칭찬도 들었어. 이거야말로 일거양득이지!

84 온고지신

溫(익힐 온) 故(옛 고) 知(알 지) 新(새 신)

옛것을 익히고 새것을 알다

과거의 것을 익히고 발전시켜 새것을 만든다는 뜻이에요. 옛것을 소중하게 생각하라는 의미로 사용하지요.

이렇게 사용해요 온고지신의 정신이 없었다면, 가스레인지가 아닌 장작불을 때서 라면을 끓여 먹어야 했을 거야.

85 유비무환

有備無患
있을 유 갖출 비 없을 무 근심 환

준비가 되어 있으면 근심이 없다

일기예보를 보고 날씨에 따라 우산이나 따뜻한 목도리를 챙긴다면 소나기가 내리쳐도, 함박눈이 쏟아져도 문제없어요. 이렇게 어떤 문제가 생기기 전에 미리 대비가 되어 있다면, 어떤 어려움이 닥쳐도 걱정할 일이 없다는 뜻을 가지고 있어요.

> 겨울에는 바닷물이 차가워서 물고기 잡기가 너무 어려워.

> 그럼 겨울을 대비해 미리 잡아 놓을까?

비슷한 말 (속담) 소 잃고 외양간 고친다
이렇게 사용해요 미래를 위해 유비무환의 정신으로 틈틈이 용돈을 모으고 있어.

86 역지사지

易地思之
바꿀 역 / 땅 지 / 생각 사 / 어조사 지

처지를 바꾸어 생각하다

자기 입장에서만 생각하지 말고, 상대방의 처지나 입장에서 먼저 생각해 보고 이해하라는 뜻이에요.
늘 투닥거리며 다투는 형제자매에게 서운하기도 하지만, 상대의 입장에서 왜 그런 말과 행동을 했는지 생각해 보면 다툼이 줄어들 거예요.

비슷한 말 (속담) 자식을 길러 봐야 부모 사랑을 안다
이렇게 사용해요 친구에게 화가 났지만, 역지사지로 친구의 마음을 헤아려 보기로 했다.

고사성어
노심초사
사면초가
구사일생
설상가상

오리무중
유구무언
전전긍긍
자포자기

함흥차사

사자성어
다사다난
속수무책
수수방관
풍비박산

풍전등화

87 노심초사

勞心焦思 (근심 노 / 마음 심 / 애태울 초 / 생각 사)

마음을 쓰며 애를 태우다

어떤 일에 몹시 마음을 쓰거나 지나치게 생각을 깊게 하여 불안해하는 상태를 이르는 말이에요.

- **비슷한 말** (속담) 자도 걱정 먹어도 걱정
- **이렇게 사용해요** 시험 걱정에 노심초사하느라 잠도 못 잤다.

88 사면초가 四面楚歌
넉 사 · 방면 면 · 초나라 초 · 노래 가

사방에서 들리는 초나라 노래

사방이 적으로 둘러싸여 있어서 누구에게도 도움을 요청하거나 받을 수 없는 상황을 뜻해요. 해결할 방법이 없는 아주 어려운 일을 겪을 때나 주변에 내 편이 하나도 없이 외롭고 곤란할 때 사용하지요.

비슷한 말 (관용구) 독 안에 든 쥐

이렇게 사용해요 사나운 개를 피해 도망친 곳이 하필 막다른 골목이라니, 사면초가에 빠졌어.

90 다사다난

多 事 多 難
많을 다 / 일 사 / 많을 다 / 어려울 난

일도 많고 어려움도 많다

여러 가지로 일이 많은 데다 어려움도 많다는 뜻이에요. 한 해가 저물고 새해가 시작되는 연말연시에 많이 사용하는 말이에요.

이렇게 사용해요
올해는 정말 다사다난했어.

91 설상가상

雪上加霜
눈 설 / 위 상 / 더할 가 / 서리 상

눈 위에 서리가 더해진다

눈이 쌓여서 미끄러운데 그 위에 서리까지 덮인다면, 걸어다니기 쉽지 않을 거예요. 이처럼 좋지 않은 일이 연달아 일어날 때 쓰는 말이지요.

비슷한 말
(관용구) 엎친 데 덮치다
(속담) 산 넘어 산이다

이렇게 사용해요
늦잠을 자서 지각하게 생겼는데, 설상가상으로 버스까지 잘못 탔어.

92 속수무책
손이 묶여 꾀를 낼 수 없다

운동화 끈이 풀렸는데 손을 다쳐 사용할 수 없다면, 운동화 끈도 묶지 못하고 그냥 다녀야 할 거예요. 이처럼 눈으로 보면서도 어찌할 도리가 없어서 발만 동동 구르는 답답한 상황에서 사용하는 말이에요.

비슷한 말 (속담) 끈 떨어진 갓
이렇게 사용해요 동생이 고집을 부리면 가족 모두 속수무책이다.

93 수수방관

袖手傍觀
소매 수 · 손 수 · 곁 방 · 볼 관

소매에 손을 넣고 곁에서 보기만 한다

어떤 일이 벌어졌을 때 자기와는 전혀 상관없다는 듯 간섭하지 않고 팔짱을 낀 채 보기만 한다는 뜻이에요.

비슷한 말 (관용구) 강 건너 불구경 (속담) 소 닭 보듯
이렇게 사용해요 넌 친구가 위험에 빠졌는데 수수방관하고 있니? 너무해.

95 오리무중 五里霧中
다섯 오 / 마을 리 / 안개 무 / 가운데 중

5리 안이 안개에 묻혀 있다

뿌옇게 덮인 안갯속에서는 길을 찾기가 힘들어요. 이렇게 어떤 일에 대하여 판단할 수 없거나 해답이 보이지 않는 상황에서 사용해요.

비슷한 말 (관용구) 안개에 싸이다

이렇게 사용해요 이 사건을 일으킨 범인의 행방이 오리무중이다.

*리: 거리의 단위. 1리는 약 0.393km이므로 5리는 약 1.9km이다.

96 유구무언
입이 있어도 할 말이 없다

잘못이 너무나 분명하게 드러나서 도저히 변명하거나 해명할 길이 없는 상황을 가리켜요.

비슷한 말 (속담) 입이 열 개라도 할 말이 없다
이렇게 사용해요 미안해, 다 내 잘못이야. 유구무언할게.

97 전전긍긍

戰 싸울 전　戰 싸울 전　兢 떨릴 긍　兢 떨릴 긍

겁을 먹고 벌벌 떨며 몸을 움츠린다

두려움에 발을 동동 구르며 조심하는 태도를 말해요. 잘못을 저지르고 그것이 탄로 날까 봐 안절부절못할 때 사용하지요. 자기가 해를 당할까 봐 바른말도 못 하고 당하고만 있을 때에도 이런 표현을 써요.

비슷한 말 (관용구) 뛰지도 걷지도 못하다

이렇게 사용해요 거짓말이 들통날까 봐 전전긍긍하고 있다.

98 자포자기

절망에 빠져 자기를 돌보지 않고 모든 것을 포기한 채 함부로 행동하는 것을 뜻해요. 어떤 일이 닥쳤을 때 해결하기 위해 애써 보기는커녕 미리 포기할 때 사용하지요.

으아악!
우엑!
으윽!
지독한 방귀 냄새다!

괜찮아... 방귀를 뀌지 않았어도 저 아이는 날 좋아하지 않았을 거야.

짝사랑아, 안녕...

비슷한 말 (관용구) 백기를 들다

이렇게 사용해요 수학 문제가 너무 어려워서 자포자기했어.

99 풍전등화

風	前	燈	火
바람 풍	앞 전	등 등	불 화

바람 앞에 놓인 등불

촛불을 켰는데 바람이 불면 언제 꺼질지 몰라 불안불안해요. 촛불처럼 매우 위태롭고 급박한 처지에 놓여 있을 때 사용하는 표현이지요.

비슷한 말 (관용구) 바람 앞의 등불

이렇게 사용해요 태풍 앞에 우산은 풍전등화처럼 위태로워 보인다.

100 함흥차사

咸 다 함　興 일어날 흥　差 보낼 차　使 사신 사

함흥으로 간 차사

신하들이 함흥으로 심부름만 가면 연락이 끊긴다는 뜻이에요. 어딘가로 떠나 돌아오지 않거나 아무런 소식 없이 매우 늦게 돌아오는 사람에게 사용하지요.

비슷한 말 (속담) 꿩 구워 먹은 소식

이렇게 사용해요 치킨 사러 가신 아빠가 한 시간 째 함흥차사야.

찾아보기

고사성어

ㄱ
각주구검 … 108
감언이설 … 30
개과천선 … 70
결초보은 … 11
경거망동 … 31
계륵 … 121
고진감래 … 54
과유불급 … 109
구사일생 … 150
군계일학 … 88
권선징악 … 52
금상첨화 … 134

ㄴ
난형난제 … 102
노심초사 … 148

ㄷ
다재다능 … 98
대기만성 … 105
대동소이 … 125
동병상련 … 14
동상이몽 … 16

ㅁ
마이동풍 … 42
모순 … 35
문전성시 … 58

ㅂ
반포지효 … 18
배수진 … 66
백문불여일견 … 136
백미 … 94
백발백중 … 96

ㅅ
사면초가 … 149
사족 … 36
살신성인 … 68
삼고초려 … 26
삼삼오오 … 22
새옹지마 … 60
설상가상 … 154
소탐대실 … 116
십시일반 … 139

ㅇ
안하무인 … 124
약육강식 … 50
어부지리 … 114
역지사지 … 144
오리무중 … 160
오매불망 … 21
온고지신 … 141
와신상담 … 85
외유내강 … 84
용두사미 … 79
우유부단 … 37
유구무언 … 161
유비무환 … 142
유유상종 … 20
이심전심 … 24
인과응보 … 53
일거양득 … 140
일장춘몽 … 118
일취월장 … 104
임기응변 … 130

ㅈ
자포자기 … 163
작심삼일 … 78
적반하장 … 34
전전긍긍 … 162
전화위복 … 56
조삼모사 … 110
좌우명 … 76
죽마고우 … 25
지피지기 … 128

ㅊ
천고마비 … 62
청출어람 … 92

ㅌ
타산지석 … 129
토사구팽 … 122

ㅍ
파죽지세 … 72

ㅎ
함흥차사 … 166
형설지공 … 82
호시탐탐 … 132
화룡점정 … 77

사자성어

ㄱ
각양각색 … 10
견물생심 … 120
결자해지 … 48

ㄴ
노발대발 … 32

ㄷ
다사다난 … 152
동고동락 … 12
동문서답 … 40
동분서주 … 101

ㅁ
막상막하 … 89
무용지물 … 112

ㅂ
박학다식 … 100
배은망덕 … 44
비몽사몽 … 38

ㅅ
속수무책 … 156
수수방관 … 158
심사숙고 … 138

ㅇ
우왕좌왕 … 33

ㅈ
정정당당 … 74
주객전도 … 41
주경야독 … 80

ㅊ
초지일관 … 83

ㅍ
팔방미인 … 99
풍비박산 … 159
풍전등화 … 164

ㅎ
환골탈태 … 90
희로애락 … 63